Mi cerebro con TDAH

Primera edición: septiembre, 2025
Segunda reimpresión: mayo, 2026

© Aroa Borrás Barrachina, 2026
© Rafael Benito Moraga, 2026
© Ilustradora: © Nerina Vallejo, 2026
© Ediciones Pirámide (Grupo Anaya, S. A.), 2026
Valentín Beato, 21. 28037 Madrid
Teléfono: 91 393 89 89
www.edicionespiramide.es

ISBN: 978-84-368-5118-2
Depósito legal: M 17910-2025
Impreso en España - Printed in Spain

AROA BORRÁS BARRACHINA
RAFAEL BENITO MORAGA

ILUSTRACIONES DE NERINA VALLEJO

Mi cerebro con TDAH

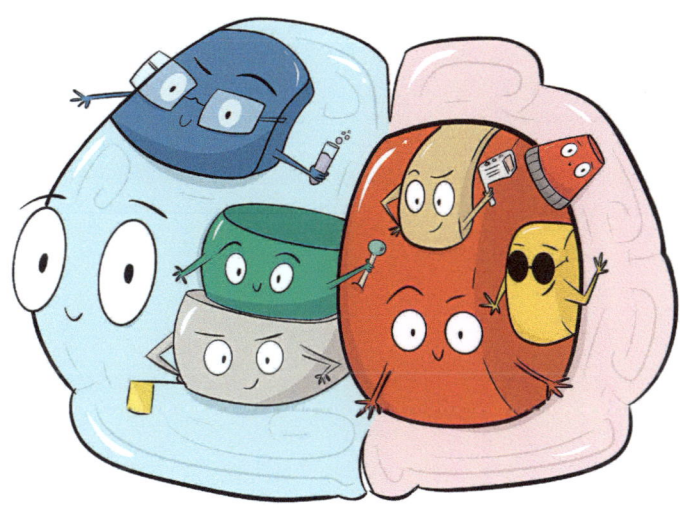

EDICIONES PIRÁMIDE

Toño es un niño como tú. Le encanta correr, reírse muy fuerte, hacer preguntas raras y coleccionar piedritas con formas de animales. Pero hay algo que hace especial a Toño: su cerebro funciona de una manera distinta. Pero no está roto ni mal hecho. ¡Para nada!

Es solo que… funciona como un cohete.

A veces va tan rápido que se salta cosas importantes. Otras veces, le cuesta arrancar, como si el botón de «empezar» estuviera escondido. Y otras, cuando algo le encanta, ¡no hay quien lo pare!

Hoy vamos a hacer un viaje al interior del cerebro de Toño. Vamos a descubrir cómo funciona, por qué se distrae tanto y también por qué tiene ideas tan increíbles.

¿TE VIENES?

¿Sabías que dentro de nuestra cabeza hay algo que nos ayuda a pensar, sentir, movernos y tomar decisiones? Es el cerebro. Y aunque cada cerebro es único, todos están compuestos por diferentes áreas que tienen funciones distintas… ¡y trabajan juntas como un equipo! ¿Te gustaría conocerlas?

Vamos a dividir el cerebro en **dos grandes ayudantes** que trabajan en equipo para guiarnos cada día: el cerebro rojo y el cerebro azul.

Dentro del cerebro azul y del cerebro rojo hay distintas partes, como si fueran departamentos con tareas diferentes. Cada una tiene una función especial, y **todas ellas están conectadas y trabajan en equipo** para ayudarnos cada día. ¿Quieres ver qué hace cada una?

**EL CEREBRO AZUL
(SU NOMBRE CIENTÍFICO ES
LÓBULO PREFRONTAL)**

Es el pensador. Sabe organizar, decidir, hacer planes y también decir: «Espera, mejor piensa antes de actuar». Es como un capitán que trata de llevar el timón del día. También tiene una tarea muy importante: ayudar al cerebro rojo a calmarse cuando se emociona demasiado.

**EL CEREBRO ROJO
(SU NOMBRE CIENTÍFICO ES
SISTEMA LÍMBICO)**

Es el que nos hace sentir. Se emociona rápido, se alegra mucho, se enfada fuerte y se asusta sin avisar. Su misión es protegernos y darnos energía. A veces se enciende como una alarma cuando cree que algo es peligroso (aunque no siempre tenga razón). También es el que nos detecta todo lo que nos encanta.

DORSOLATERAL
alias el Científico

Él es el que nos ayuda a pensar con lógica y a concentrarnos. Su trabajo es organizar las ideas, resolver problemas y mantenernos enfocados. Cuando el Científico está activo, podemos mantener la atención, pensar antes de actuar y recordar lo que tenemos que hacer.

VENTRAL MEDIAL
alias el Regulador

El Regulador es la parte del cerebro que ayuda a encontrar un equilibrio entre lo que sentimos y lo que pensamos. Cumple una tarea fundamental: calmar al cerebro rojo cuando está emocionado para que podamos responder de forma más tranquila y pensada.

ORBITOFRONTAL
alias el Árbitro

Él es el que decide lo que vamos a hacer. Su trabajo es tomar la mejor decisión, nos ayuda a elegir bien cuando tenemos varias opciones, y también a prever las consecuencias de lo que hacemos.

ÍNSULA
alias el Escáner

El Escáner es la parte del cerebro que nota todo lo que sentimos por dentro: hambre, frío, calor, mariposas en la tripa, dolor… Es muy bueno detectando si algo nos gusta o no y su trabajo es avisar cuando algo nos hace sentir mal o incómodos.

¡Esto me gusta! Esto no… ¡Puaj!

¡Cuidado! ¡Pasa algo! ¡Reacciona ya!

AMÍGDALA
alias la Alarma

La Alarma es una parte del cerebro que está siempre atenta a todo lo que pasa a tu alrededor. Su trabajo es protegerte. Si algo parece peligroso, extraño o fuera de lugar, ¡se enciende de inmediato! Cuando la Alarma se activa, tu cuerpo reacciona.

¡Me encanta!, ¡hazlo otra vez!

ACCUMBENS
alias el Disfrutón

El Disfrutón es la parte del cerebro que se enciende cuando algo nos gusta mucho. Le encanta cuando hacemos cosas que nos hacen sentir bien: jugar, reír, ganar… Su trabajo es buscar placer y motivarnos a hacer más de eso que nos gusta. Cuando algo le emociona, manda una señal clara.

11

Ahora que ya conoces las partes del cerebro y lo que hace cada una, es momento de contarte algo muy especial sobre el cerebro de Toño. El cerebro de Toño, como el de muchas personas con TDAH, **no siempre sigue las mismas reglas que otros a la hora de centrar su atención.** No se activa igual con todo, ni responde de la misma forma. Su atención tiene sus propias normas. Y si las conoces, todo empieza a tener sentido.

La atención de Toño funciona como si tuviera tres interruptores principales, que deciden cuándo se enciende con fuerza y cuándo le cuesta un poco más:

CUANDO ALGO LE GUSTA MUCHO

CUANDO ALGO LE LLAMA LA ATENCIÓN

Si alguna de esas tres cosas aparece, su cerebro se despierta, se enfoca y se pone en marcha como un cohete. Pero si no… a veces se apaga, se distrae o se enreda.

CUANDO ALGO ES URGENTE

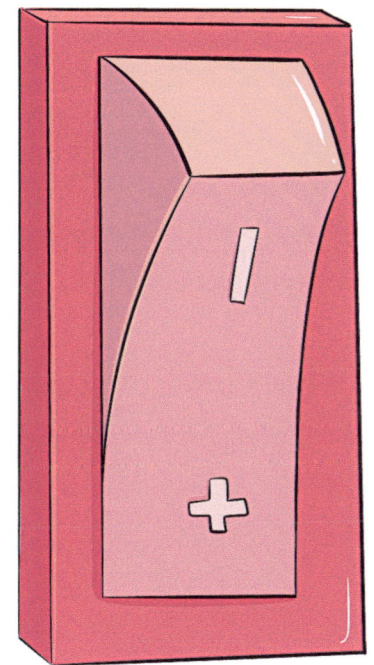

Vamos a ver cómo funciona cada una de esas «reglas» dentro de su cabeza.

¿TE ANIMAS A ENTRAR EN EL DÍA A DÍA DE TOÑO?

Cuando algo le gusta

El cerebro de Toño **se enciende con mucha fuerza cuando algo le gusta de verdad.** Puede ser construir una cabaña, dibujar planetas, mirar bichos con una lupa o inventar una historia.

Cuando eso pasa, **todas las partes de su cerebro se activan:**

- El **Disfrutón** salta de emoción.

- El **Científico** se concentra y no se distrae.

- El **Árbitro** y el **Regulador** colaboran sin pelearse: saben hacia dónde ir.

- La **Alarma** y el **Escáner** se quedan tranquilos, están a gusto.

Toño se enfoca sin que nadie se lo diga. No necesita recordatorios ni premios, porque su propio cerebro **ya está disfrutando.**

Pero... ¿Y si no le gusta?

Cuando algo no le interesa —como hacer tareas, estar en una clase que no le gusta o escuchar una conversación aburrida—, todo cambia dentro del cerebro de Toño:

- El **Disfrutón** se enfada.

- El **Escáner** se queja.

- La **Alarma** se activa.

- El **Científico** pierde fuerza. No tiene suficiente energía para concentrarse porque **el cerebro rojo está tomando el control.**

- El **Regulador** intenta calmar las emociones y darle espacio al Científico, pero **las emociones negativas son tan intensas** que no puede hacerse oír.

- El **Árbitro,** al ver que el cerebro rojo está tan activo y el azul tan apagado, **decide dejar la tarea a un lado.**

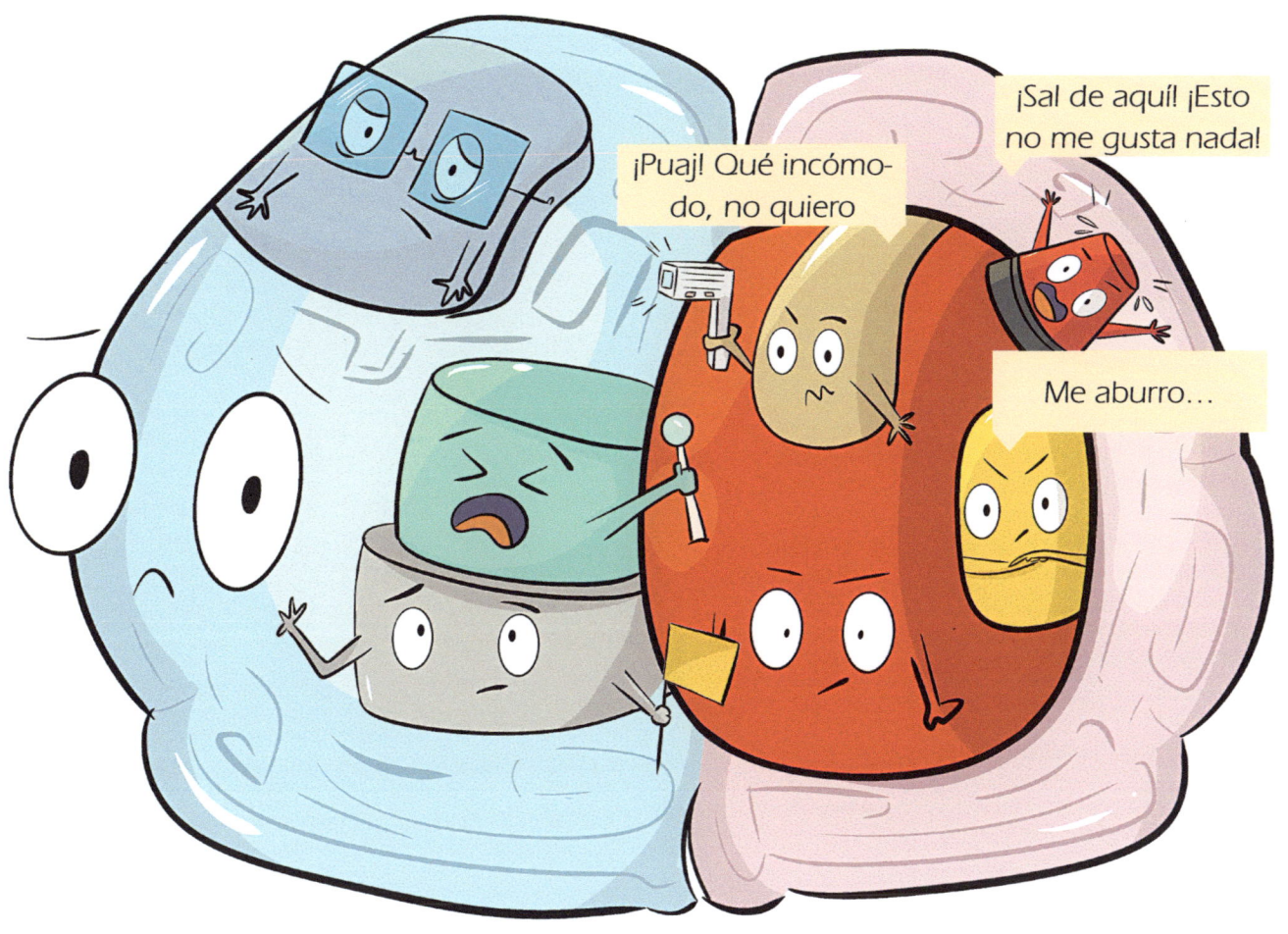

En ese momento, **el cerebro azul se ha rendido y ha ganado el cerebro rojo.**

Toño no es que no quiera hacerlo. Es que, cuando algo no le interesa, su cerebro no encuentra el botón de «ponerse en marcha». Por eso, a veces necesita un poco más de apoyo, un poco más de tiempo… o una chispa que lo motive.

Cuando algo le llama la atención

El cerebro de Toño también **se activa cuando algo le llama la atención,** aunque no sea lo que debería estar haciendo. Puede estar en clase escribiendo, cuando de repente escucha un lápiz caer al suelo, ve una sombra moverse por la ventana… o alguien dice una palabra graciosa dos mesas más allá. ¡Y su mente sale volando detrás de eso, como un avión de papel!

Aunque él quiera concentrarse, su cerebro **persigue lo nuevo, lo brillante, lo curioso.**

Cuando eso pasa:

- El **Disfrutón** detecta algo diferente.

- El **Escáner** se despierta.

- El **Científico** deja de atender a clase y se centra por completo a explorar lo que le ha llamado la atención.

- El **Regulador** no ha podido calmar la energía del disfrutón por aquello que le ha llamado la atención.

- El **Árbitro** toma una decisión: mirar el dibujo, atender al cotilleo o girarse a ver qué ha pasado. Porque en ese momento, **el cerebro rojo le está hablando más fuerte.**

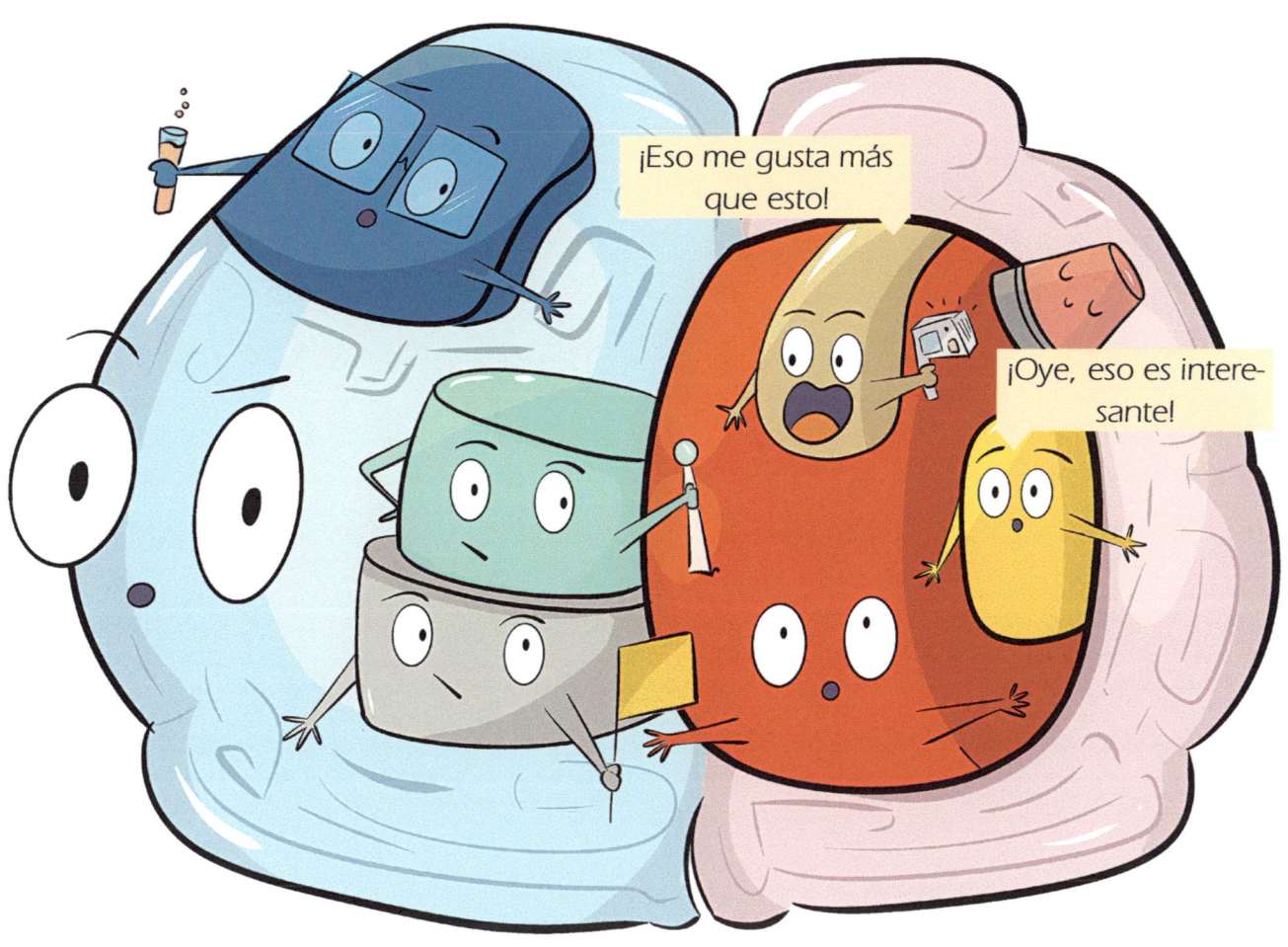

Toño no se distrae porque quiera portarse mal. Es que su cerebro **reacciona antes de que pueda pensar con calma.** Y, a veces, **elige lo que más brilla, no lo que más conviene.**

A veces, el Disfrutón se inventa sus propios estímulos

Cuando lo que hay fuera no le interesa, **el cerebro de Toño no se queda quieto.** El Disfrutón, que necesita estar activo, **empieza a buscar dentro:** recuerdos divertidos, ideas nuevas, planes increíbles o mundos imaginarios.

Y, entonces, aunque Toño esté sentado en su silla… **su cabeza está construyendo un castillo invisible,** pensando en una historia que aún no ha escrito o soñando con ser inventor, astronauta o domador de dragones.

- El **Disfrutón** no soporta el aburrimiento, así que crea.

- El **Científico** se recrea en la fantasía. Es como si viviera dentro de ella.

- Y el **Regulador,** en lugar de apagarlo, está entretenido observando sus creaciones.

- El **Árbitro** le da permiso.

Porque aunque a veces Toño se evade, **también es cierto que su imaginación es enorme.**

Y en ese caos de ideas y aventuras… es donde muchas veces **nace su creatividad.**

Y otras veces, los estímulos vienen del cuerpo

Cuando algo no le interesa, no le llama la atención ni es urgente… el cerebro de Toño se **aburre.** Y el aburrimiento, para su cerebro, **es como un gran vacío** que hay que llenar ya mismo.

Un día, Toño se sienta a hacer los deberes. No son divertidos, no hay nada que le parezca nuevo… y nadie le ha dicho que tiene que entregarlos ya.

Su cerebro azul se apaga poco a poco.

- El **Científico** se queda esperando instrucciones que no llegan.

- El **Regulador** intenta decir: «Tranquilo, sigue un poco más, tú puedes...», pero su voz se escucha bajito. Nadie le presta atención.

- El **Árbitro** mira a su alrededor sin saber qué decidir.

- Y de pronto... el **Escáner** habla: «Oye, creo que tengo hambre.»

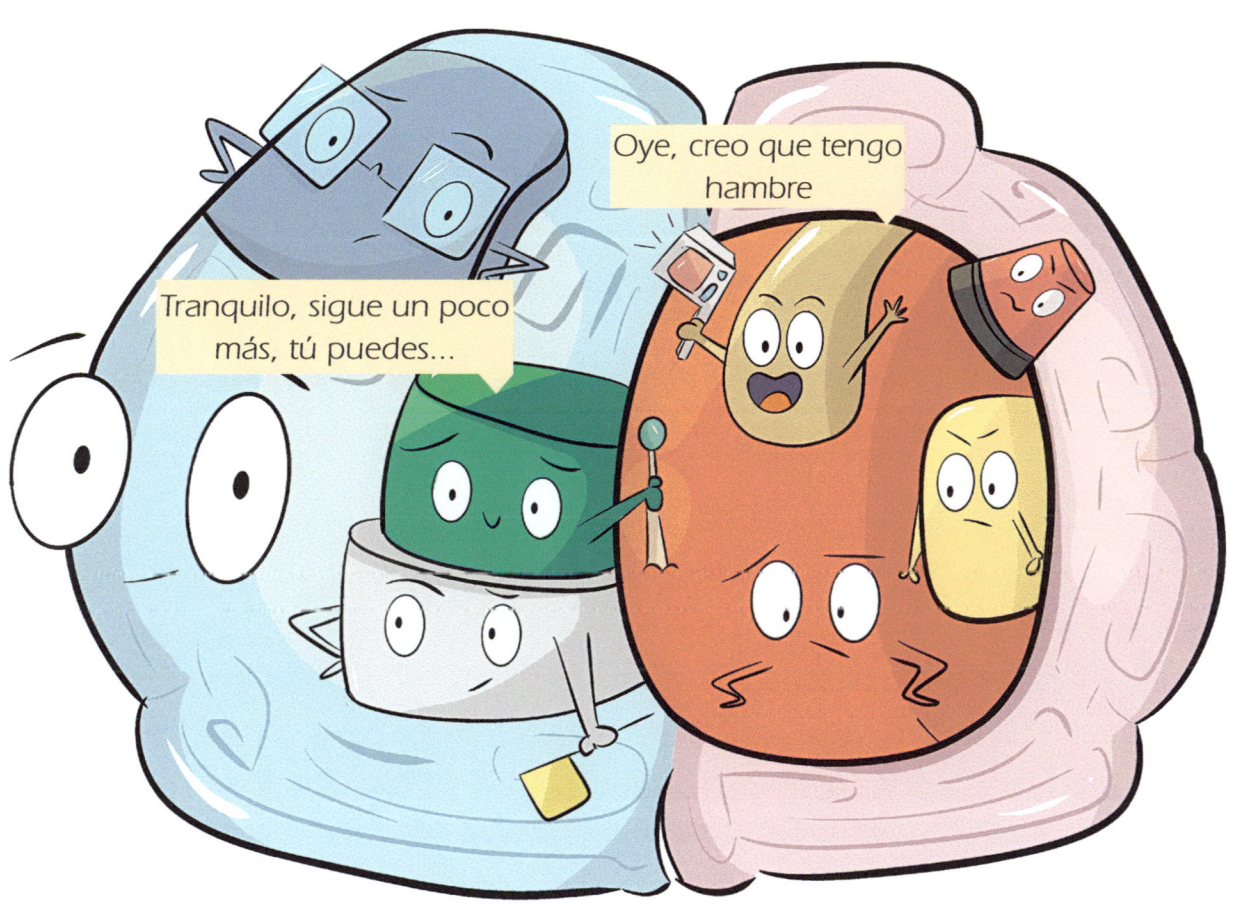

Entonces, el **Disfrutón** se despierta: «¡Claro! ¡Hay un trozo de tarta de chocolate en la nevera! ¡Del cumple de tu hermano! ¡Eso sí que da gusto!»

- La **Alarma** dice: «¡Corre, antes de que se la coman!»

- Mientras tanto, el **Regulador** suspira y espera una nueva oportunidad para hablar.

- El **Árbitro** se rinde: «Bueno… mejor eso que seguir aquí aburrido.»

- Y el **Científico** se levanta con una misión clara… aunque no sea la de antes.

Toño se va a la cocina. No porque no entienda que tiene deberes, **sino porque su cerebro ha buscado una salida, una chispa, una recompensa rápida.**

El Regulador aquí **no es ignorado por desobediencia,** sino porque, en ese momento, **las otras partes del cerebro están más activas y ruidosas,** y él necesita calma y motivación para hacerse oír.

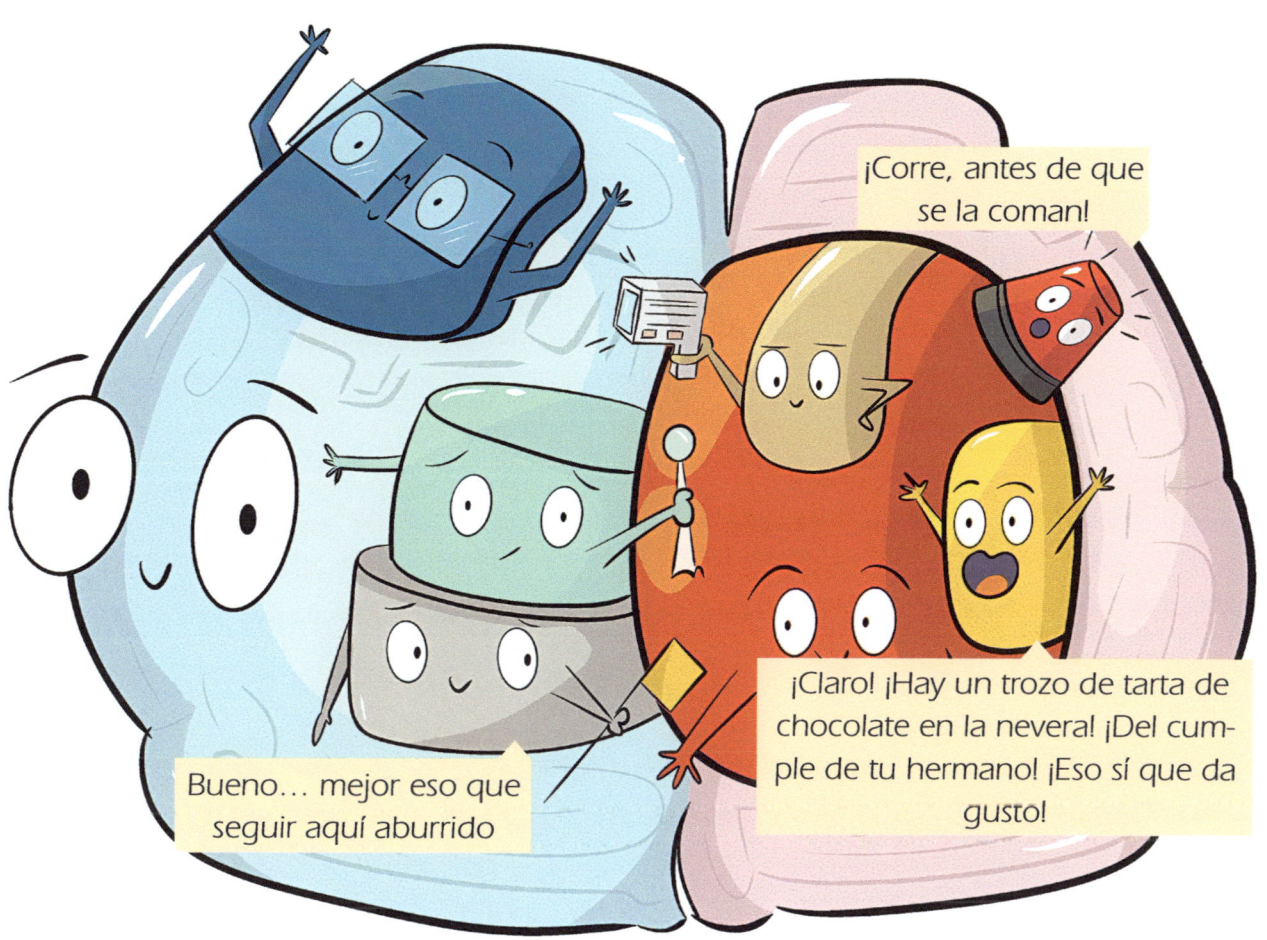

Cuando algo le llama la atención... y el reloj desaparece

A veces Toño **llega tarde.** No porque quiera o porque no le importe, sino porque **su cabeza se queda atrapada en lo que está haciendo… y el tiempo desaparece.**

Toño tiene que salir para ir al colegio. Ya está listo, pero al pasar por el salón, ve una ficha de su álbum de cromos tirada en el suelo. La recoge y se da cuenta de que es **justo una de sus favoritas.** Se sienta un segundo a mirarla y entonces recuerda que **ayer guardó otras en su mochila.** Va a buscarlas. Las compara. Las ordena por colores. Las vuelve a mirar.

¿Qué pasa dentro de su cerebro?

Cuando algo le llama la atención de forma intensa, el cerebro de Toño entra en un estado de presente absoluto. Solo existe lo que tiene delante. Todo lo demás —el reloj, el plan, la hora de salida— se borra del mapa mental.

- El **Disfrutón** se entusiasma.

- La **Alarma** está apagada. Como Toño está tranquilo, entretenido y feliz, su cerebro no percibe ningún peligro ni urgencia. La Alarma no detecta nada malo, así que no manda señales de alerta. Solo se encenderá más tarde, cuando alguien de fuera le diga que va tarde… pero para entonces, ya será tarde.

- El **Científico** se concentra en el orden, en los colores, en los detalles de los cromos.

- El **Regulador** intenta decir: «Oye, ¿no ibas a ponerte la chaqueta?» Pero su voz no se escucha bien. El presente lo llena todo.

- El **Árbitro,** que debería recordarle que tiene que salir pronto, al no ver encendida la señal de alarma, no anticipa las consecuencias ni gestiona bien el reloj interno.

En ese momento su madre grita desde la entrada: «¡Toño, vamos, que ya es tarde!» él responde, sincero: «¡Ya voy! ¡Solo estaba mirando una cosa!». Pero **ya han pasado quince minutos.**

Cuando Toño se da cuenta de la hora, **se sorprende de verdad.** No estaba perdiendo el tiempo. **Estaba completamente metido en lo que hacía.** No es que no le importe llegar a tiempo. Es que su cerebro le hace sentir que todavía hay margen, que «da tiempo», que «es solo un minuto».

Toño no es irresponsable. **Es que vive en una sensación de presente continuo,** donde cada momento lo absorbe como si fuera el único. Es como si antes de salir de casa siempre encontrase algo que hacer, por eso necesita recordatorios, estructura, pausas, avisos. Y con apoyo, puede aprender a **mirar hacia adelante sin perder su forma especial de estar en el ahora.**

Cuando algo es urgente

A veces, Toño **sabe** que tiene que hacer algo, pero… como no le apetece, lo va dejando para más tarde: «luego lo hago», «después de este juego», «un ratito más…».

Y mientras tanto, el **Disfrutón** está feliz jugando, dibujando o viendo una serie. Todo parece estar bien.

Pero de repente… **Toño mira la hora.** ¡Y recuerda que no ha hecho los deberes! Ahí es cuando su cerebro **entra en modo emergencia.**

La **Alarma** salta de inmediato:«¡Peligro! ¡Si no los haces, te van a regañar!»

Entonces, el cuerpo **libera dos mensajeros muy potentes: la adrenalina y el cortisol.** La **adrenalina** es como una chispa que lo despierta por dentro: acelera el corazón, abre bien los ojos y dice: «¡Vamos, rápido, Actívate!». El **cortisol** es como un empujón que le dice al cerebro: «Esto es urgente. ¡Concéntrate!»

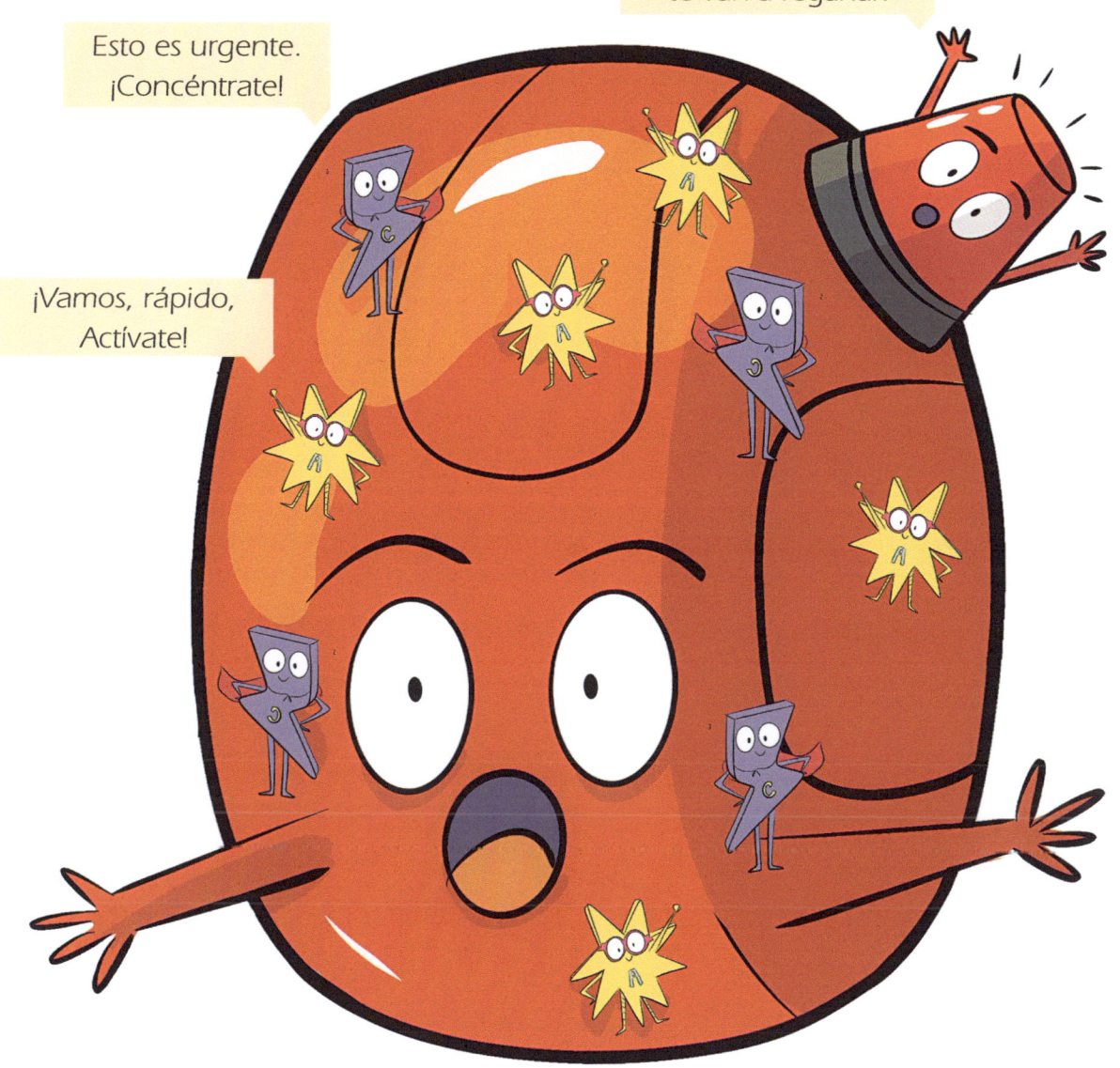

Y así, todos las partes del cerebro **entran en acción.**

- El **Científico** se enfoca como nunca.
- El **Árbitro** da una orden clara.
- El **Regulador,** por fin, tiene espacio para ayudar a mantener la calma.
- Incluso el **Disfrutón** se une.

Cuando hay urgencia, **el cerebro azul de Toño se activa por completo.** A veces tarde, a última hora, con algo de susto… pero se activa.

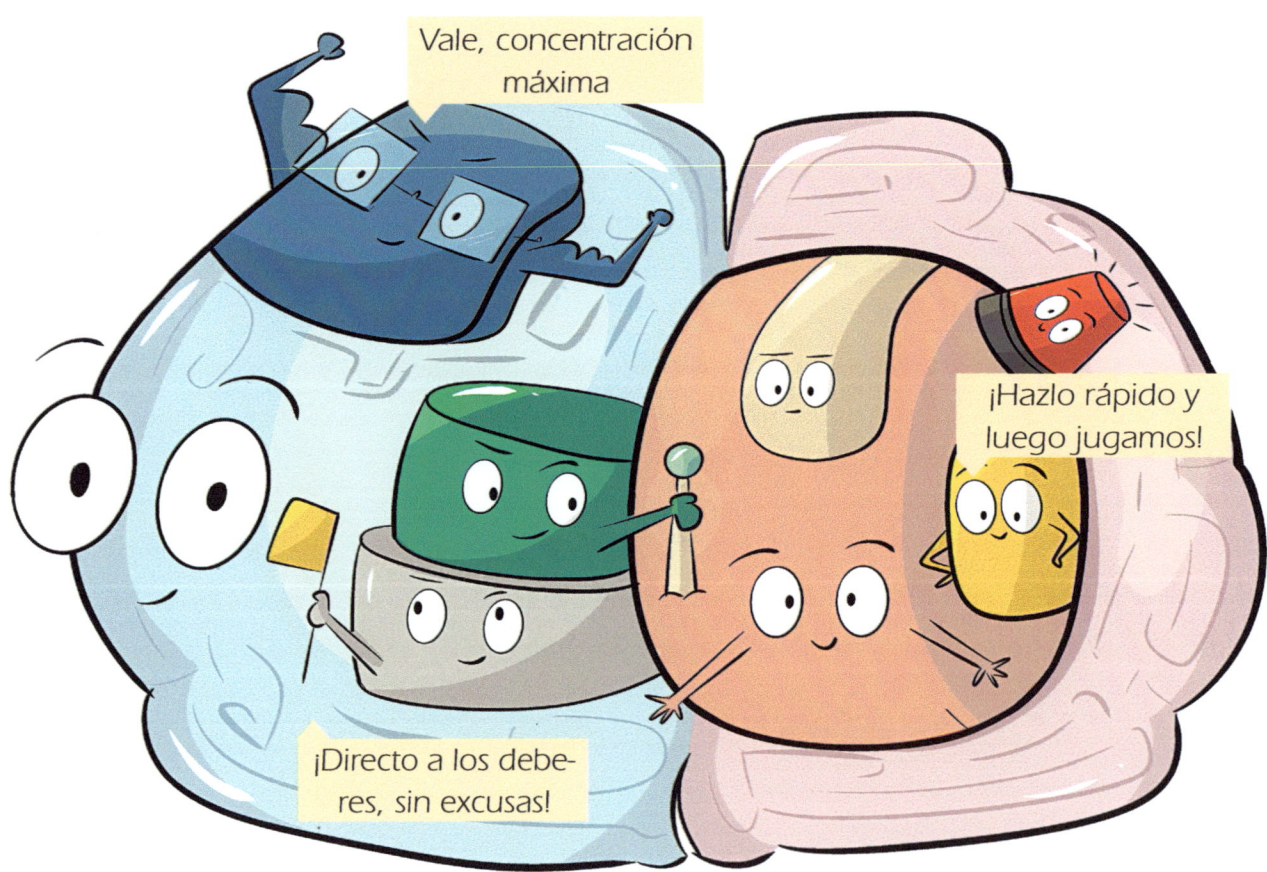

Y si no hay urgencia...

Cuando no hay prisa, y la tarea no le gusta ni le llama la atención… el **cerebro de Toño no encuentra razones para arrancar.**

Y no es que no quiera hacerlo. Es que necesita una chispa muy fuerte para ponerse en marcha. Algo que lo emocione, lo atrape o le recuerde que hay que actuar.

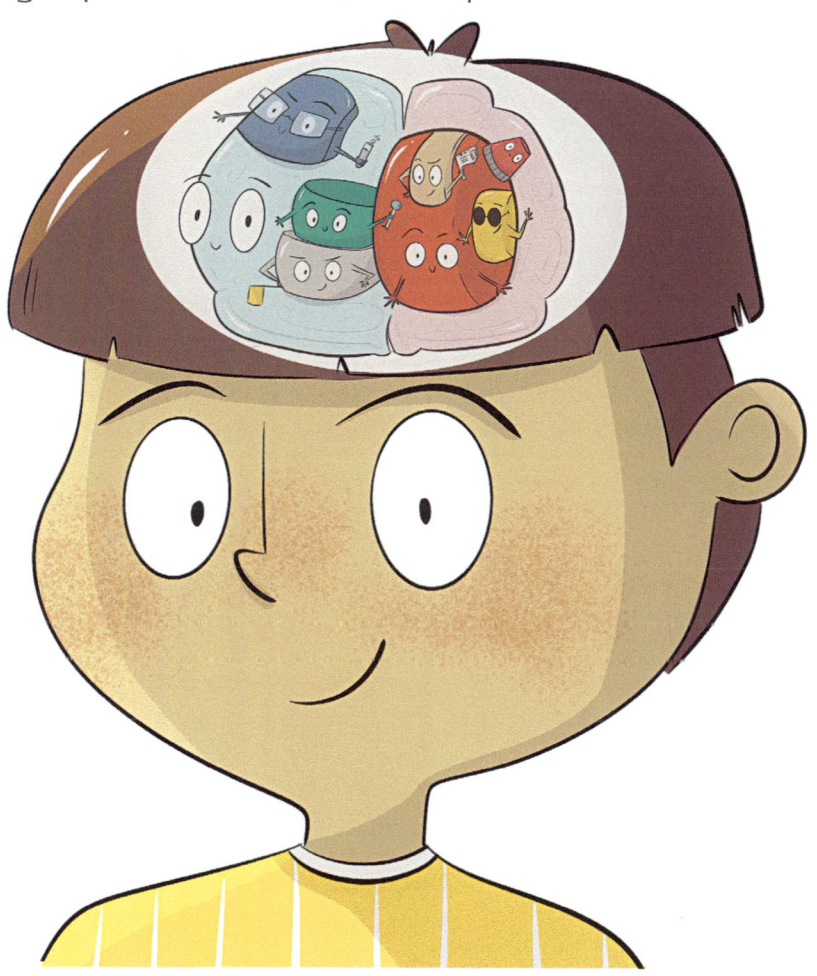

Ahora ya sabes cómo funciona el cerebro de Toño cuando tiene que prestar atención.

Pero el TDAH no solo tiene que ver con eso. También afecta a otras cosas muy importantes, como **las emociones, los impulsos e, incluso, el movimiento.** Vamos a ver qué pasa en el cerebro de Toño cuando pasan estas cosas.

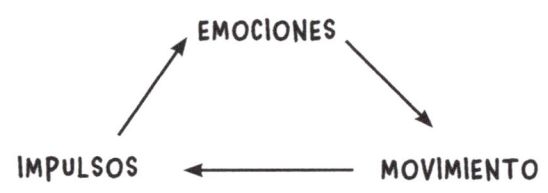

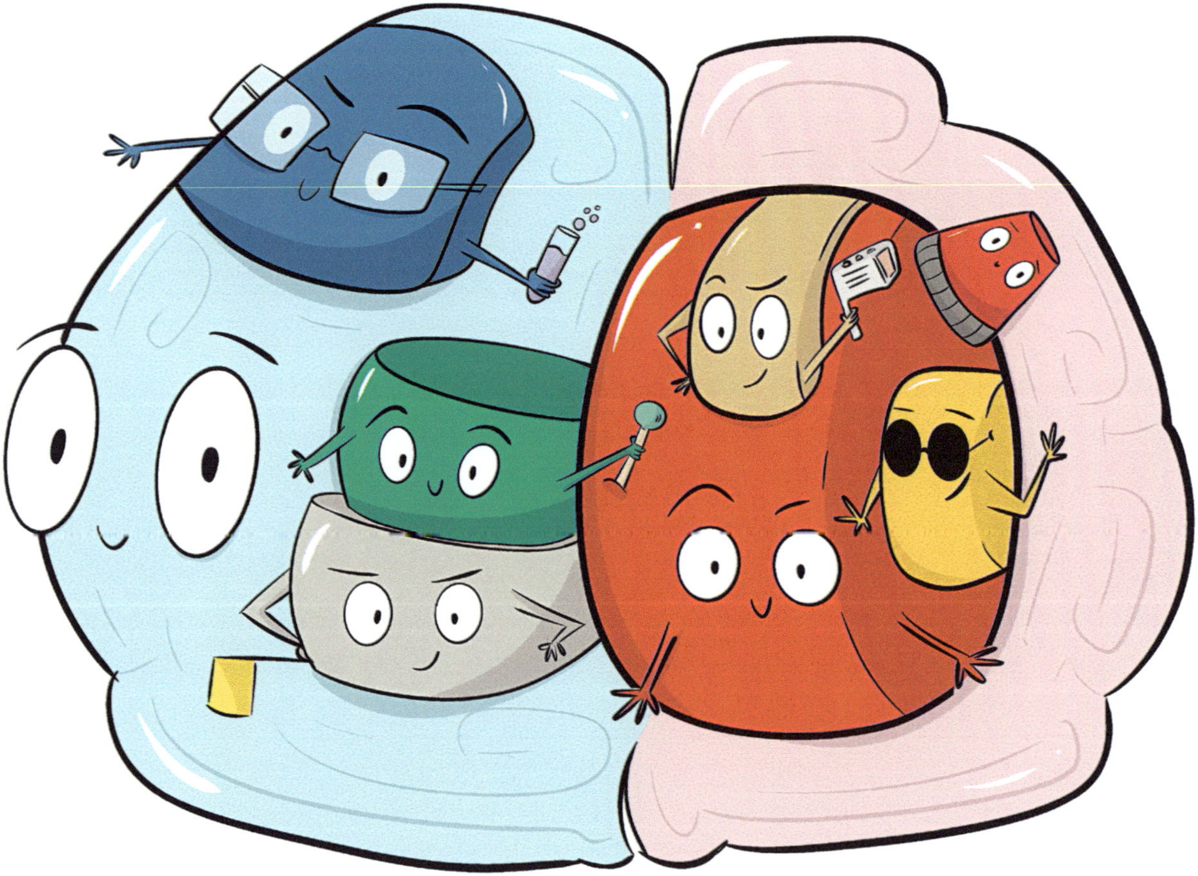

LA REGULACIÓN EMOCIONAL: CUANDO LO QUE SIENTE ES DEMASIADO FUERTE

A veces, Toño siente cosas **muy intensamente.** Y no solo lo bueno, también la tristeza, la frustración o el enfado. En su cerebro, **esas emociones no entran poquito a poco… entran de golpe, como una ola gigante.**

Un día cualquiera, Toño está jugando en el recreo. Lleva mucho tiempo construyendo una torre con bloques y está orgulloso de cómo le está quedando. De pronto, un compañero pasa corriendo y, sin querer, **tira toda la torre al suelo.**

Toño siente un **enfado muy fuerte.** Su pecho se aprieta, le cuesta respirar, su cara se pone roja. Siente que **eso no fue justo,** que **todo su esfuerzo se ha roto.** Y **esa emoción le invade tan rápido,** que no sabe qué hacer con ella.

¿Qué pasa dentro de su cerebro?

Cuando Toño siente una emoción muy intensa —como **frustración, tristeza** o **enfado**—su **cerebro rojo se activa con mucha fuerza.**

- El **Escáner** intensifica lo que siente.

- El **Disfrutón,** al ver caer la torre de la que tan orgulloso estaba, avisa a la alarma.

- La **Alarma** escucha al disfrutón y reacciona con agresividad.

- Mientras tanto, el **Científico** se apaga. Está tan sobrepasado por la emoción, que no puede ayudar a pensar con claridad.

- El **Regulador,** que normalmente calma y regula, no puede hacerse oír: el ruido del cerebro rojo es demasiado fuerte.

- El **Árbitro,** que debería decidir con lógica, no decide nada y se hace lo que dice el cerebro rojo.

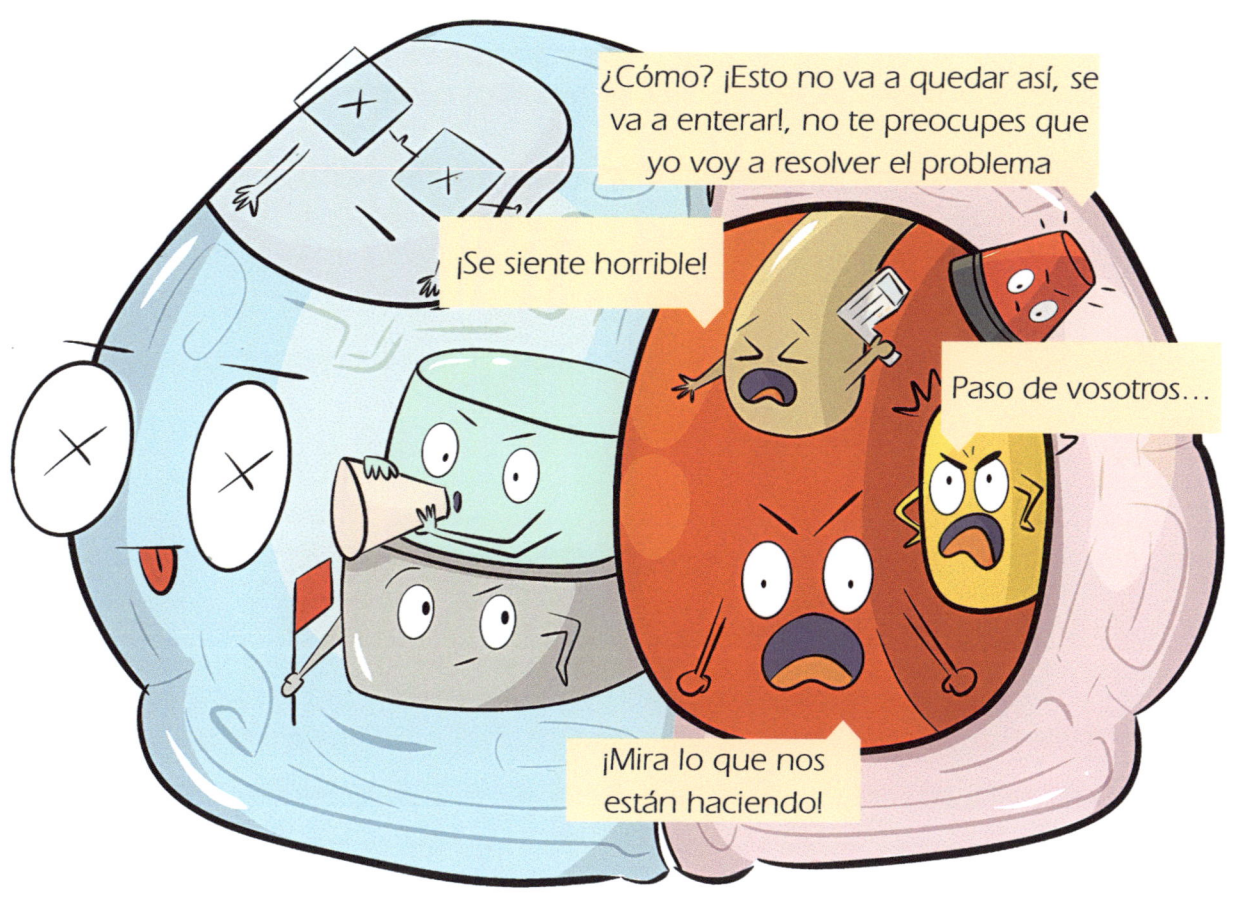

El cerebro rojo se ha revelado y ha ganado. El cerebro azul está a su disposición hasta que se recupere el equilibrio.

Toño **no acude al cerebro azul,** no porque no quiera, sino porque en ese momento **le resulta imposible.** Todo su cerebro está intentando **apagar el malestar emocional lo más rápido que pueda** y recuerda: ¿quién es el más rápido? El cerebro rojo… y eso lo lleva a hacer cosas impulsivas. Lo que no suele ser **la mejor opción.**

Y ENTONCES APARECE LA IMPULSIVIDAD

Toño **no quiere hacer daño.** Pero **empuja, grita o dice algo muy fuerte.** No porque haya elegido mal, sino porque, en ese momento, **ni siquiera pudo elegir.** Esa reacción **es impulsiva,** sí...pero es también **una forma de escapar del malestar tan grande** que estaba sintiendo.

El problema es que **esa reacción no suele traer buenas consecuencias.** La profe se enfada. El amigo se pone triste. Toño se mete en un lío.

Y cuando el cerebro rojo se calma y el **cerebro azul vuelve a encenderse...**

- El **Científico** razona lo que ha pasado y analiza la secuencia.

- El **Regulador** se siente mal porque no va con él tratar mal a un compañero.

- El **Árbitro** se da cuenta de que no ha elegido la mejor opción de respuesta.

Y es en ese momento cuando Toño **se da cuenta** de que ha actuado mal y de que ya es tarde para cambiar lo que pasó. Y aparece el **remordimiento.**

El problema es que **para ese entonces... las consecuencias ya están ahí:** la bronca, el castigo, la tristeza del otro, el enfado de los demás... Toño **lo entiende** ahora que el cerebro azul ha vuelto a tomar el mando. Durante el momento del impulso, el cerebro azul **estaba desconectado.**

Por eso muchas veces se arrepiente de verdad, aunque no supiera frenarse en el momento exacto.

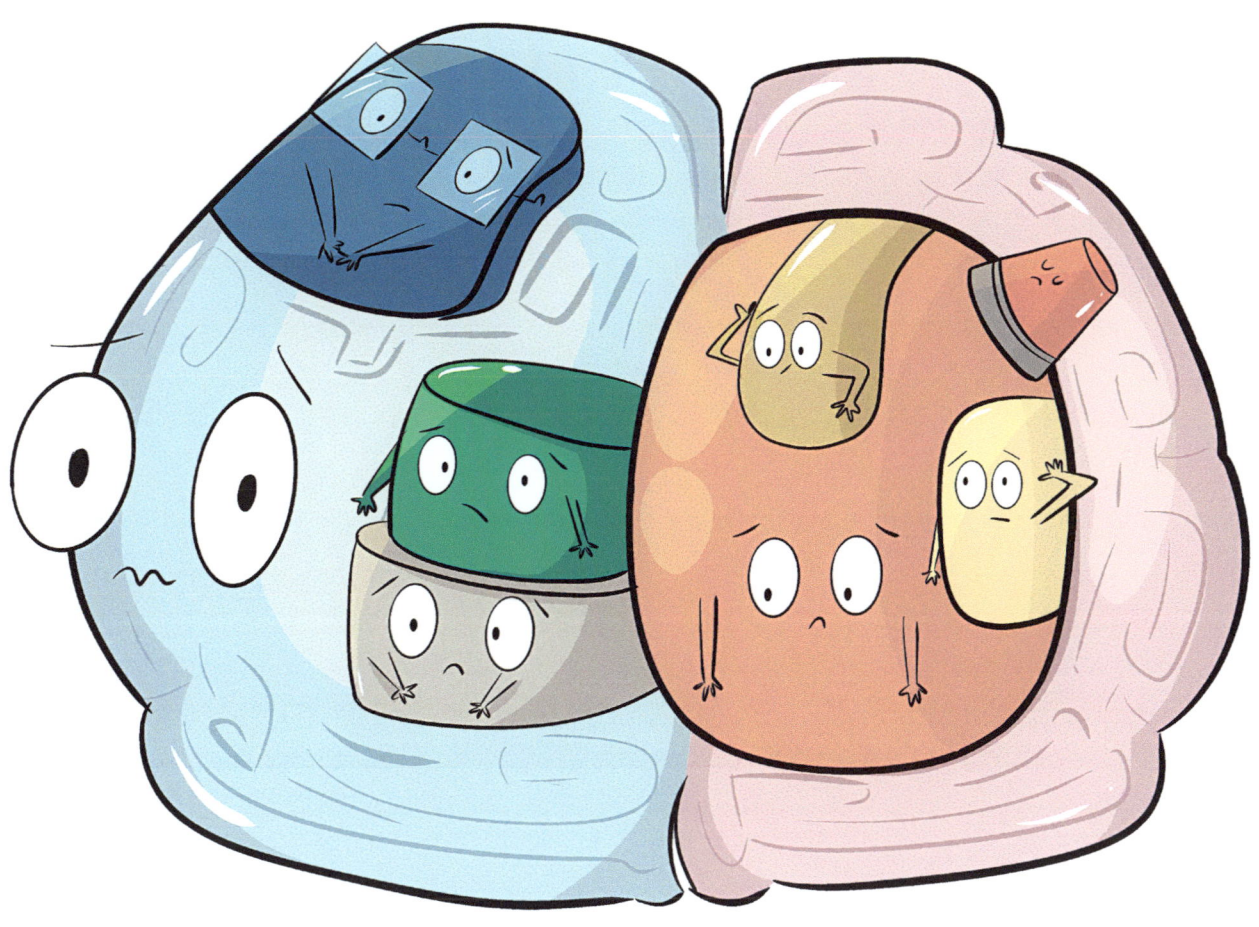

Las conductas impulsivas no son porque Toño quiera hacer daño o portarse mal. Son su forma de **intentar escapar de un malestar emocional intenso** que su cerebro azul no puede manejar.

LA HIPERACTIVIDAD: CUANDO EL CUERPO NO SE QUEDA QUIETO

En el cerebro de Toño, el **cerebro rojo nunca está quieto.** Es como si tuviera una **batería gigante que siempre está al máximo,** llena de energía que busca por dónde salir.

No es que Toño quiera moverse todo el tiempo por capricho. Es que su cuerpo necesita liberar lo que su cerebro rojo no para de generar. Y cuando tiene que estar mucho rato sentado, callado o quieto… esa energía se acumula, se agita, se revuelve por dentro, hasta que acaba saliendo en forma de movimiento.

Toño se mueve, se levanta, habla, se toca el pelo, hace ruiditos… No porque quiera molestar, sino porque su cerebro está **demasiado encendido para quedarse quieto.**

¿Qué pasa dentro de su cerebro?

El **cerebro rojo está muy activo.** Incluso cuando fuera parece que todo está tranquilo, **por dentro hay movimiento, ganas, emoción, tensión, impulso.**

- El **Disfrutón** se aburre rápido.

- El **Escáner** siente incomodidad en el cuerpo.

- La **Alarma,** si el aburrimiento es muy largo, puede llegar a activarse.

- Mientras tanto, el **Científico** quiere concentrarse, pero está rodeado de ruido, movimiento interno y falta de motivación. No consigue avanzar.

- El **Regulador** quiere ayudar, pero con tanto alboroto en el cerebro rojo, **su voz se pierde entre el zumbido de energía.**

- El **Árbitro** intenta decidir si aguantar o moverse… y muchas veces, **elige lo que da alivio más rápido: levantarse, hablar, jugar…**

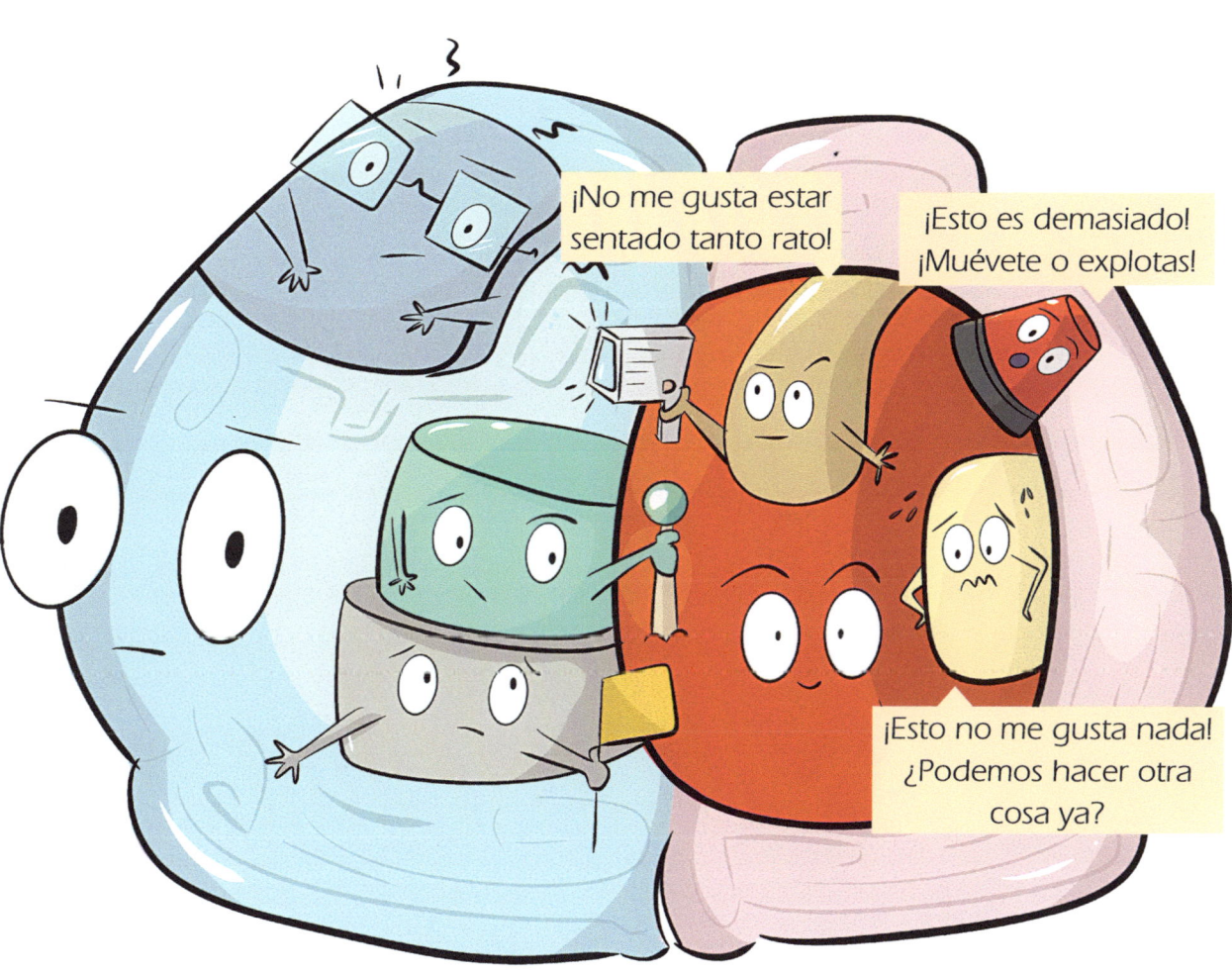

Y así, **Toño no se levanta porque quiera desobedecer…** se levanta porque su cuerpo y su cerebro **necesitan liberar todo eso que lleva dentro.**

A veces, los adultos piensan que Toño no presta atención porque no quiere. O que se mueve demasiado porque no respeta las normas.

Pero Toño **sí lo intenta.** Solo que su cerebro y su cuerpo **funcionan mejor cuando hay movimiento.** Y estar sentado mucho tiempo **es como pedirle a una pelota que no rebote.**

Toño no se mueve porque quiera molestar. Se mueve porque **necesita moverse para funcionar mejor.** Y aunque a veces eso le cause problemas, con ayuda puede encontrar formas de canalizar esa energía sin apagar su brillo, ni su forma única de aprender.

UN CEREBRO DIFERENTE... NO ES UN CEREBRO DEFECTUOSO

Te habrás fijado en que las cosas que le suceden a Toño le ocurren a todo el mundo. En todos los cerebros a veces el cerebro rojo toma el mando y el cerebro azul se rinde y se deja dirigir.

La diferencia es que a Toño le ocurre muy a menudo y le genera muchos problemas. Y es un problema cuando afecta al funcionamiento de dos o más áreas de la persona. No hay que tratar diagnósticos, hay que tratar problemas.

No hay que ser perfecto, ¿quién lo es? Los cerebros azules de los niños son más inmaduros y no tienen tanto control sobre el cerebro rojo. Todos los niños necesitan que se les ayude a encontrar la forma de que su cerebro rojo y su cerebro azul se entiendan, pero los niños como Toño más, y eso no significa que **su cerebro funcione mal, solo funciona distinto.**

Y aunque el TDAH pueda traer dificultades, sobre todo en un mundo lleno de reglas, horarios, tareas largas y poca libertad… también viene con **capacidades especiales que no todos tienen.**

FORTALEZAS DEL CEREBRO CON TDAH

Tienen una creatividad por encima de la media

Los cerebros TDAH **piensan diferente,** y eso no es un error… **es un superpoder.** Toño no solo tiene ideas, **tiene muchas, todo el tiempo.** Ve posibilidades donde otros ven problemas, imagina historias cuando otros solo ven palabras y encuentra caminos nuevos cuando el camino de siempre no funciona.

Su pensamiento **es más libre,** más rápido, más saltarín. Eso a veces lo hace caótico, sí… pero también **lo hace brillante.**

Toño puede:

- Inventar juegos sin instrucciones.

- Crear soluciones originales a problemas difíciles.

- Ver conexiones entre cosas que no parecen estar relacionadas.

- Hacer preguntas raras, profundas, graciosas o inesperadas.

- Imaginar cómo se sienten los demás y crear algo para ellos.

Su cabeza nunca para… y su creatividad tampoco. Y aunque a veces eso lo distraiga o lo desborde, cuando encuentra el espacio para expresarse, **puede hacer cosas maravillosas.**

Tienen un espíritu valiente y emprendedor

Donde otros ven riesgo, los cerebros con TDAH ven posibilidad. Toño es de los que **se lanzan antes de saber si va a salir bien.** Y aunque a veces eso le mete en líos, **esa valentía también lo lleva a lugares donde otros no se atreven a ir.** Los niños con TDAH **tienen una energía interna que los empuja hacia lo nuevo.** Les encanta empezar cosas, explorar, experimentar, inventar. **No les da miedo equivocarse,** porque lo importante es intentarlo.

Ese espíritu emprendedor se ve cuando:

- Toman la iniciativa sin que nadie se lo pida.

- Se atreven a proponer ideas raras o distintas.

- Se recuperan rápido después de un fallo.

- Buscan soluciones sin esperar instrucciones.

- Saltan de una idea a otra… y a veces una de esas ideas es brillante.

No se queda quieto ante lo difícil. Y aunque no siempre termine **lo que empieza, lo que empieza… nace con fuerza.** Ese empuje, esa iniciativa, ese atrevimiento, es algo que muchos adultos **pagarían por recuperar.** Toño **ya lo tiene.**

Pueden entrar en estados de hiperfoco

Aunque muchas personas creen que Toño tiene problemas de atención, **eso no significa que no sepa concentrarse.** Lo que pasa es que su cerebro no se activa con todo, pero **cuando algo le interesa de verdad, se enciende con una fuerza increíble.**

En esos momentos, Toño entra en lo que se llama **hiperfoco:** una concentración tan profunda que **todo lo demás desaparece.** No oye el ruido, no mira el reloj, no siente hambre… **solo existe lo que está haciendo.**

Este superpoder aparece cuando:

- Algo le apasiona.
- Algo es urgente.
- Se siente libre para crear o imaginar.
- Tiene una meta clara o un reto emocionante.
- Puede moverse por su cuenta sin que lo interrumpan.

Para otros, puede parecer que «por fin se está portando bien». Pero en realidad, **está en su mundo, en lo que ama, en lo que le enciende el alma.**

Tienen una energía enorme

Y aunque a veces no sepan cómo contenerla, esa energía puede convertirse en **impulso, entusiasmo y acción.** Es la energía que los lleva a levantarse antes que nadie, a moverse cuando todos se han rendido o a empezar cosas nuevas con una chispa que contagia.

Esa energía los hace **intensos, sí...** pero también **apasionados, valientes, llenos de iniciativa.** Es lo que hace que Toño corra cuando otros dudan, que proponga cuando nadie se atreve y que siga cuando otros ya se han cansado.

Son personas que **se mueven... para cambiar cosas.** No se conforman con «así se hace». Ellos **quieren entender, rehacer, transformar.** Su energía no es desorden: es movimiento con propósito, aunque todavía estén aprendiendo a usarlo bien.

Cuando esa energía encuentra su camino, puede construir mundos, liderar equipos, ayudar a otros, crear cosas que antes no existían. **Es una energía que empuja la vida hacia adelante.**

Son adaptables y resilientes

Muchas veces se habla solo de las dificultades, pero **pocas veces se valora lo que desarrollan gracias a ellas.** Los niños como Toño se vuelven fuertes, ingeniosos y persistentes porque **desde pequeños tienen que esforzarse el doble en muchas cosas.**

Toño no lo tiene fácil todos los días. Tiene que esforzarse para concentrarse, organizarse, recordar lo que toca y controlar lo que siente… **mientras trata de encajar en un mundo que no siempre está hecho para él.**

Pero, por eso mismo, desde pequeño ha aprendido a **buscar caminos nuevos. A probar otra vez cuando algo no sale, a reírse después de llorar, a preguntar cuando no entiende y a levantarse una vez más… incluso cuando está cansado.**

Los niños con TDAH **se enfrentan a muchos retos,** pero también **desarrollan una fuerza por dentro que no siempre se ve.** Son **flexibles:** si algo no funciona, prueban otra cosa. Son **creativos:** si no entienden como se les explica, se lo explican a su manera. Y son **valientes:** a pesar de los errores, de los «no», de las veces que se equivocan, **siguen adelante.**

Caen, sí. Pero **aprenden a caer mejor.** Y, sobre todo, **aprenden a no rendirse.**

Hola, soy Toño.

Mi cerebro es un poco distinto. Piensa rápido, siente fuerte y, a veces, se distrae o se acelera. Me cuesta esperar, concentrarme o calmarme. Y sí, en ocasiones, hago cosas sin querer. De vez en cuando me meto en líos. Pero eso no es todo lo que soy.

También tengo ideas raras y divertidas, me emociono con las cosas pequeñas, me invento mundos, me levanto aunque me caiga y cuando algo me gusta… **nada puede detenerme.**

En muchos sentidos, **mi cerebro funciona como el de cualquier otro niño: el cerebro rojo manda y el cerebro azul a veces no hace caso.** Muchas veces me doy cuenta de que tendría que ser más tranquilo en clase o de que tendría que respetar más los turnos y a veces mi cerebro rojo manda tanto que no me deja. Y yo siento que me esfuerzo mucho en hacer las cosas bien pero aún así no lo logro y eso me pone triste. **Lo que necesito es que me ayuden a entrenarlo,** para que mi cerebro azul **se entienda con mi cerebro rojo,** de manera que **ninguno mande sobre el otro,** sino que **los dos logren trabajar juntos, como un gran equipo.**

Mi cerebro de vez en cuando va como un cohete, pero si aprendo a pilotarlo, **puede llevarme muy muy lejos.** Necesito que me entiendan, que me escuchen… que me acompañen. Porque aunque mi camino no siempre sea fácil… **es un camino lleno de luz.** Y yo lo voy a recorrer **a mi manera.**

TRASTORNO POR DEFICIT DE ATENCIÓN E HIPERACTIVIDAD(TDAH)

El TDAH es el trastorno psíquico más frecuente en los niños y niñas de entre 5 y 10 años; y también es uno de los más conocidos y estudiados. Se caracteriza por un **aumento de la actividad motora que no se justifica en función de la edad, unido a déficits en la atención y concentración que dificultan el rendimiento escolar.** El síndrome de hiperactividad puede asociar además síntomas de impulsividad. Aunque no forma parte de los criterios diagnósticos, la **desregulación emocional** es un componente habitual del trastorno, produciendo en quien lo padece frecuentes cambios de humor, estallidos de ira o comportamientos de búsqueda compulsiva de una gratificación inmediata.

Para ser diagnosticado, al menos algunos de los síntomas deben haber estado presentes desde **antes de los 7 años de edad, haberse prolongado durante al menos 6 meses** y haber causado un deterioro significativo del funcionamiento en al menos 2 áreas de la vida diaria (escolar, familiar, social, emocional, actividades cotidianas o el ámbito laboral).

El TDAH afecta a un 6% de los niños y niñas (1); de todos ellos, un porcentaje elevado seguirá con síntomas durante su vida adulta (2). La proporción de adultos de la población general que presentan todos los síntomas necesarios para el diagnóstico del TDAH llegaría al 2,5 % (1).

El TDAH no es un invento moderno. Ya en 1845, el psiquiatra Heinrich Hoffmann publicó un libro de poemas infantiles (3) en el que se describían dos casos de TDAH. Tampoco parece que los síntomas que conforman el TDAH tengan un origen meramente funcional, ni sean simples variantes de la normalidad.

Hoy día caben pocas dudas acerca de su existencia como trastorno que provoca un importante deterioro del funcionamiento académico, laboral y social, no solo en niños y niñas, sino también en adultos (4).

Es habitual escuchar que se están diagnosticando demasiados casos de este trastorno porque se interpretan como patológicos la inquietud propia de determinadas fases del desarrollo o el carácter «movido» de algunos niños y niñas. Sin embargo, los estudios muestran que, en realidad, se detectan muchos menos casos de los que en realidad existen (5)(6). Esta falta de detección afecta especialmente a las niñas con TDAH (6), cuyo trastorno pasa habitualmente desapercibido porque en ellas son menos frecuentes los síntomas disruptivos y los trastornos de conducta (7).

La denominación del trastorno genera cierta confusión cuando se observa a los niños y niñas que lo padecen. En muchas ocasiones el comportamiento de los chicos y chicas con TDAH parece contradecir lo que el diagnóstico dice. *«¿Cómo que* **hiperactivo***?, será para lo* que quiere: *si se trata de jugar o estar haciendo lo que le da la gana no para; pero cuando tiene que hacer los deberes o recoger su habitación no hay hiperactividad ninguna».* Y en cuanto a la **atención,** lo mismo: *«cuando está con la Play se concentra divinamente y no hay quien lo saque, pero en clase se distrae con el vuelo de una mosca».*

Esta paradoja encuentra su explicación cuando atendemos a las alteraciones neurobiológicas de las que depende el trastorno. **El problema del cerebro en los niños y niñas que padecen TDAH no es que no puedan parar o no consigan concentrarse, sino que el cerebro tiene una tendencia a movilizar sus recursos hacia lo más urgente, lo más atrayente o lo que proporciona una satisfacción inmediata,** aunque muchas veces no suele ser la mejor opción.

Cuando la tarea es urgente, tiene estímulos muy atrayentes o proporciona una gratificación inmediata, los niños, niñas y adolescentes que padecen un TDAH **no tienen ningún problema para organizar su actividad cerebral, centrar su atención y controlar su conducta.** Sin embargo, cuando el plazo para terminar la tarea es lejano, su contenido es aburrido o poco estimulante o la recompensa es a largo plazo, les resulta muy difícil, aun cuando lo intentan con todas sus fuerzas, **su cerebro no logrará organizar su actividad y sufrirá continuas distracciones y sensaciones de inquietud insoportables.** La sensación que experimentan cuando deben afrontar ese reto llega a percibirse incluso como una ligera náusea.

Habrá quien diga *«¿y eso que tiene de anormal? A todos nos pasa: nos cuesta afrontar tareas pesadas o desagradables, no logramos concentrarnos cuando el tema nos aburre, y preferiríamos estar haciendo continuamente lo que más nos gusta».* Cierto. El problema es que habitualmente, quien no padece un TDAH, logra hacer lo más adecuado, aunque le cueste. Sin embargo, **para quien sufre un TDAH, ese objetivo requiere un esfuerzo sobrehumano que no siempre es posible.** Además, aun cuando lo intente, se verá asaltado constantemente por distracciones y una necesidad de moverse que perturbará su concentración, reduciendo la eficiencia de sus procesos cognitivos.

Funcionamiento cerebral y TDAH

Como ya hemos visto en la primera parte del libro, los chicos y chicas que sufren este problema no consiguen organizar su funcionamiento mental, y por tanto cerebral, de un modo que les ayude a conseguir objetivos fijados internamente y destinados a lograr una recompensa futura, por lo que viven movidos por la necesidad de una **gratificación inmediata,** por la **urgencia** del momento o por lo que les resulta **más llamativo** o **fácil.**

Su problema no es exclusivamente la hiperactividad, sino la **dificultad para regular su conducta en función de lo que se requiere en cada momento.** Pueden hacer sin parar y durante largo tiempo algo que les gratifica (por ejemplo, el último videojuego), pero ser incapaces de realizar una tarea breve pero incómoda (como bajar la basura). **Lo mismo se puede decir del déficit de atención.** En ocasiones pueden estar tan concentrados como para aislarse de todo, pero son incapaces de prestar atención más de unos minutos cuando la tarea no les resulta gratificante.

Se diría que no son ellos quienes están al mando de su funcionamiento mental, aunque lo parezca. **Su cerebro funciona de un modo independiente, movido por lo que más apetece, lo más urgente o lo más llamativo.**

Estos chicos y chicas son tildados de *«vagos»*, *«gamberros»* o *«caraduras»*. Sin embargo, a diferencia de quienes merecen verdaderamente esos calificativos, **sufren mucho por sus limitaciones,** y lo más habitual es que arrastren el resto de su vida, en su autoconcepto y su funcionamiento cotidiano, las consecuencias de haber sido tratados como culpables de sus dificultades.

Pues bien, decenas de estudios sobre la estructura y el funcionamiento del cerebro de estos chicos y chicas identifican **anomalías en diversas áreas relacionadas con el control del comportamiento, la motivación, la recompensa y la regulación de la actividad intelectual.** De entre todas las zonas estudiadas, destacan las alteraciones observadas en el **córtex prefrontal,** mencionado en este libro como el **cerebro azul.** Con mucho acierto se ha dicho de esta zona que es el *«director de orquesta»* del cerebro. Podemos dividirlo en tres áreas: dorsolateral **(el Científico),** ventromedial **(el Regulador)** y orbitofrontal **(el Árbitro).** Cada una de ellas se coordinan, monitorizando constantemente el proceso y ajustando la actividad cerebral hasta lograr el objetivo.

Como hemos podido ver en las diferentes situaciones que se presentan durante la lectura del libro, los distintos grupos de neuronas de cada área del cerebro **necesitan organizar su actividad,** como si fueran distintos grupos de instrumentos (violines, trompas, tubas, timbales…) intentando acompasarse y armonizarse en la sinfonía de la tarea. Y para ello necesitan que entre en acción la corteza prefrontal, el «director de orquesta», nuestro **cerebro azul.**

Los chicos y chicas con TDAH no tienen un «director de orquesta cerebral» suficientemente competente, o lo que es lo mismo, un córtex prefrontal incapaz de regular eficazmente los distintos procesos necesarios para realizar muchas de las tareas habituales.

De los hallazgos neuroquímicos, de neuroimagen, y genéticos se desprende que el TDAH es un trastorno del neurodesarrollo por el que se enlentece el crecimiento de la corteza prefrontal y sus conexiones con las áreas subcorticales del sistema límbico (el cerebro rojo). Se han acumulado gran cantidad de evidencias que prueban que este problema del neurodesarrollo depende en gran medida de una predisposición genética (1,8,9).

Tratamiento del TDAH

El tratamiento del TDAH debe ser multimodal e incluir tanto psicofármacos como psicoeducación y psicoterapia.

¿Qué pasa en el cerebro de mi hijo o hija cuando toma la medicación para el TDAH?

Todas las áreas del cerebro mencionadas hasta ahora funcionan gracias a unas células muy especiales llamadas neuronas. El cerebro humano contiene alrededor de 86.000 millones de neuronas, que forman una red muy densa y compleja por la que circulan continuamente impulsos eléctricos cargados de información. Pero las neuronas no están unidas entre sí como si fueran cables eléctricos. Para poder comunicarse, necesitan pasar esa información de una a otra a través de un pequeño espacio llamado sinapsis. En el dibujo vemos una **sinapsis,** es decir, el lugar donde dos neuronas se comunican entre sí.

¿Qué son esas bolitas?

Cuando el impulso eléctrico llega a una neurona, se liberan unas sustancias denominadas **neurotransmisores,** que se pegan a la siguiente neurona en unos lugares denominados **receptores.** Ese «encaje» activa pequeños poros en la membrana de la neurona, que permiten la entrada de ciertos elementos como el sodio o el calcio, que activan el impulso eléctrico en la siguiente neurona.

Las neuronas de la corteza prefrontal se activan gracias a neurotransmisores como la **dopamina y la noradrenalina.** En el TDAH, la actividad de las neuronas que producen dopamina y noradrenalina **es baja,** por eso, **el funcionamiento de la corteza prefrontal no es tan intenso como debería.**

¿Qué hace la medicación?

Los **psicoestimulantes,** como el metilfenidato o la lisdexanfetamina, actúan principalmente sobre estas partes:

1. **Transportador:** la medicación actúa bloqueando o ralentizando la acción de los transportadores, que son los encargados de recoger la dopamina una vez liberada. Al hacerlo, la dopamina permanece más tiempo en la sinapsis, lo que permite que actúe de forma más eficaz y mejore la comunicación entre neuronas.

2. **Terminación presináptica:** la lisdexanfetamina también estimula que se libere más dopamina desde la primera neurona.

3. **Receptores postsinápticos:** como resultado de su acción sobre el transportador de dopamina, este neurotransmisor permanece más tiempo en la sinapsis. Así, puede actuar durante más tiempo sobre los receptores y mejorar la transmisión de la señal entre neuronas.

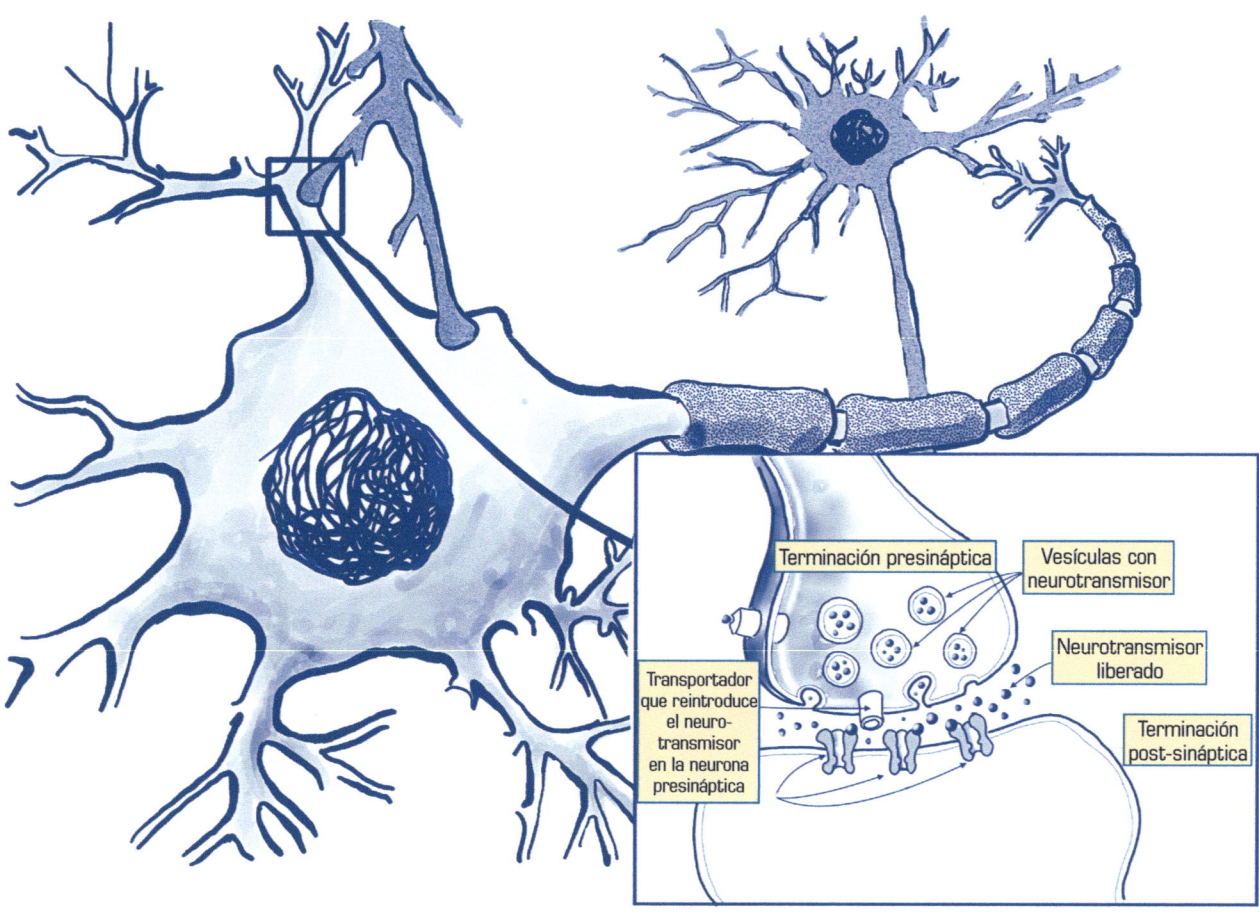

Terminación presináptica

Vesículas con neurotransmisor

Transportador que reintroduce el neurotransmisor en la neurona presináptica

Neurotransmisor liberado

Terminación post-sináptica

1. **Terminación presináptica:** es el extremo de la primera neurona. Aquí es donde se fabrican y almacenan los neurotransmisores en pequeñas bolsitas llamadas vesículas.

2. **Vesículas con neurotransmisores:** son como pequeños globos llenos de dopamina, que viajan hasta el borde de la neurona para ser liberados.

3. **Neurotransmisores liberados:** una vez liberados, cruzan el pequeño espacio entre neuronas (la hendidura sináptica) para llevar el mensaje.

4. **Receptores en la neurona postsináptica:** son las cerraduras que captan esos neurotransmisores, para que el mensaje se transmita. Si no llega suficiente dopamina, no se abren suficientes cerraduras y la señal no pasa bien.

5. **Transportador:** es como una aspiradora que recoge la dopamina que no se ha usado, devolviéndola a la neurona anterior.

¿Por qué un estimulante calma?

Esta es la razón por la que fármacos denominados «estimulantes» logran reducir la hiperactividad y la impulsividad: **como aumentan la actividad de la corteza prefrontal, el «ce-** rebro azul» está más fuerte y presente en el funcionamiento cerebral, así logra aplacar la actividad del sistema límbico o «cerebro rojo», responsable de la desregulación emocional y las reacciones impulsivas. Es como

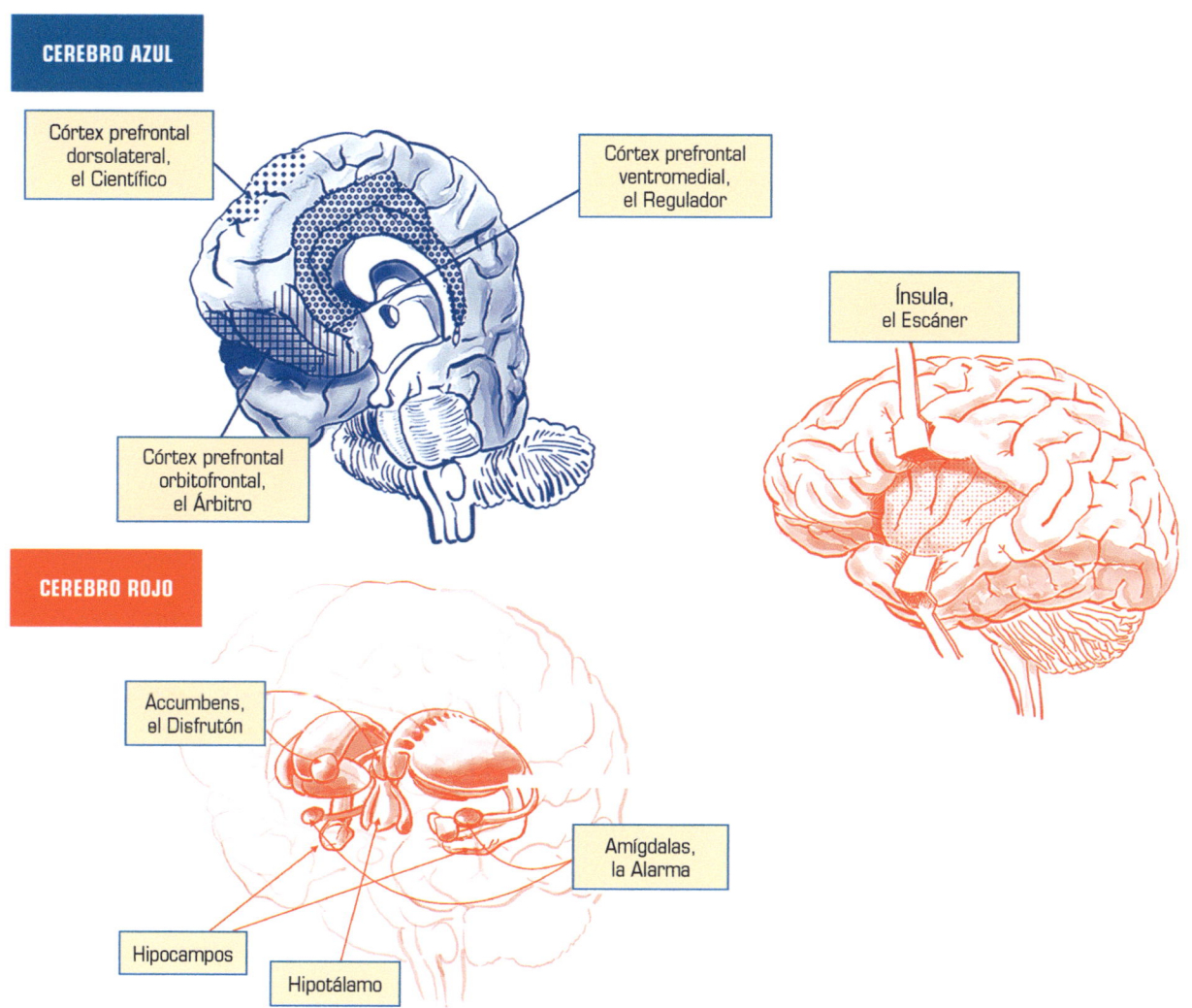

CEREBRO AZUL

Córtex prefrontal dorsolateral, el Científico

Córtex prefrontal ventromedial, el Regulador

Córtex prefrontal orbitofrontal, el Árbitro

Ínsula, el Escáner

CEREBRO ROJO

Accumbens, el Disfrutón

Amígdalas, la Alarma

Hipocampos

Hipotálamo

si, con la medicación, el capitán del barco, el «cerebro azul», **recuperara el timón** y pudiera guiar mejor las emociones, la atención y las decisiones.

Nota: *Es imprescindible complementar el tratamiento farmacológico con intervenciones psicoterapéuticas, que se desarrollan fundamentalmente en dos formatos: psicoeducativo y psicoterapia cognitivo-conductual.*

Consejos para padres y educadores

Como hemos visto, los niños y niñas que tienen un TDAH sufren un problema en el neurodesarrollo que les impide controlar su conducta, regular sus emociones y dirigir su atención. **No pueden mejorar por mera «fuerza de voluntad».** Pedir que «hagan un esfuerzo» o que «pongan más de su parte» no les ayuda en absoluto. Es como pedir a un asmático que «respire mejor» o a un hipertenso que «reduzca su tensión arteria». Apelar a la fuerza de voluntad solo contribuye a que se sientan cada vez más culpables y con una autoestima más débil; una de las consecuencias más devastadoras del TDAH. **Conforme disminuye su confianza en sí mismos aumenta su ansiedad, una emoción que menoscaba aún más la actividad del «cerebro azul», empeorando su rendimiento.**

Es fundamental explicar al niño, niña o adolescente qué le ocurre, de forma clara y adecuada a su edad y nivel de comprensión. Esto le permite entenderse mejor, asumir un papel activo en su propio proceso, y empezar a distinguir entre quién es y cómo se comporta. Así, separamos la persona de la conducta y favorecemos una mirada más compasiva, responsable y constructiva.

El TDAH no define lo que el niño es, es algo que le sucede y con lo que puede aprender a manejarse.

Nota: *Comentar lo que le ocurre con la ayuda de metáforas acerca del funcionamiento cerebral, tal y como se hace en la primera parte de este libro, puede ser buena idea.*

A lo largo de su evolución hay que recurrir a esas metáforas para que aprendan a pensar en sí mismos y en lo que hacen, mejorando su capacidad de autoobservación. **Cuando no entiendan por qué han hecho lo que han hecho, hay que explicárselo de una manera constructiva,** haciéndoles preguntas que fomenten la reflexión sobre su propio comportamiento.

La responsabilidad de los adultos que les rodean es fundamental. Su deber es **transmitir a los niños y niñas afectados la confianza en que podrán mejorar su rendimiento escolar y su conducta,** creando un ambiente en el que se refuercen sus logros de un modo regular y continuado, **dando más importancia al esfuerzo que a los resultados.** No hay que basar el refuerzo solo en las recompensas materiales, dar una palmada en la espalda, un abrazo, unas palabras de elogio y una expresión de cariño son también refuerzos muy intensos.

No solo hay que dirigirse a ellos para elogiarlos, **las normas y los límites también son básicos porque les proporcionan rutinas que les ayudan a no tener que utilizar cons-**

tantemente la actividad del «cerebro azul» para organizar el comportamiento. Cuando haya que ponerlos, conviene hacerlo de forma clara, adecuándolos a la edad y el nivel de desarrollo. Hay que ser tolerante cuando los límites no se cumplan, pero insistir en que se mantengan la mayor parte de las ocasiones. Es útil que el niño o la niña entienda la conveniencia de funcionar según esas rutinas o pasos preestablecidos.

Las personas adultas deben poner sus «directores de orquesta», su corteza prefrontal madura, **al servicio de los niños y niñas con TDAH** para favorecer su funcionamiento, aportando todo aquello que les falta: organizarse, estructurar sus actividades en pequeños pasos para que se acostumbre a planificar, hacer, acabar y comprobar. Puede ser útil **escribir las normas** o los pasos a seguir en cada momento del día: qué hacer antes de acostarse, qué hacer después de levantarse por la mañana, etc. Una vez que están escritas, hay que **colocarlas en lugares visibles,** para que puedan ser leídas y seguidas con facilidad. Cuando logre cumplirlas, felicitar y proporcionar un pequeño refuerzo.

Para el componente hiperactivo puede ser interesante **encargarles pequeñas responsabilidades que los mantengan ocupados.**

Nota: *El ejercicio físico y las actividades «movidas» deben formar parte de su estilo de vida. Es importante que las fomentemos e, incluso, participemos en ellas.*

Cuando se habla con ellos, hay que hacerlo **despacio, relajadamente y de forma clara,** procurando que mantengan el contacto visual. Solo hay que dar una instrucción cada vez, utilizando un lenguaje sencillo. Siempre que se pueda, hay que mostrar lo que se quiere hacer o lo que se espera de él, en lugar de simplemente contarlo.

Respecto al rendimiento escolar, la presencia de un TDAH no indica ningún problema en la inteligencia. Si volvemos a la metáfora de la orquesta, la inteligencia sería la calidad de los músicos y el TDAH la calidad del director. **Los niños y niñas con TDAH pueden tener los mejores músicos, pero si el director no es suficientemente bueno, es difícil que la orquesta suene bien.** Por tanto, se debe mantener la expectativa de obtener buenos resultados académicos si se les ayuda a organizar adecuadamente el aprendizaje.

La corteza prefrontal es muy sensible a la fatiga, así que no es extraño que el peor momento para pedir concentración sea el que sucede a una larga jornada escolar. Hay que abordar las tareas escolares trabajando durante periodos cortos, con descansos en los que se puede variar de actividad (beber un vaso de agua, merendar, preparar el material para la siguiente tarea, etc). Puede ser interesante comenzar por las asignaturas más atractivas o fáciles, para pasar posteriormente a las que resultan más pesadas. Los estímulos visuales ayudan: dibujos, vídeos educativos, la realización de esquemas y el uso de colores para escribir o subrayar pueden mejorar el aprendizaje.

En resumen...

El TDAH es un problema real, no un invento ni una medicalización de variantes normales del desarrollo infantil. Los niños y niñas que sufren este trastorno tienen una disfunción cerebral causada por un desarrollo enlentecido del córtex prefrontal y de sus conexiones con el resto del cerebro. Esto hace que les cueste regular su atención, su conducta y sus emociones de la mejor manera posible para responder a las demandas del día a día.

No son vagos, ni gamberros. Les importa hacer las cosas bien y muchos de ellos son extremadamente inteligentes, pero su vida es una lucha diaria contra su propio funcionamiento cerebral. Una lucha que están abocados a perder si no cuentan con la ayuda de adultos capaces de comprenderlos, ayudarlos a mejorar e impedir que caigan en el círculo vicioso de la baja autoestima, la ansiedad y el fracaso.

Aunque el tratamiento farmacológico es útil y seguro, es imprescindible asociarlo a psicoeducación y psicoterapia para asegurar una buena evolución. Solo así se logrará que crezcan como adultos seguros y confiados, capaces de aprovechar las facetas más positivas de su TDAH, como la creatividad, la espontaneidad y la dedicación incansable, mientras consiguen reducir el impacto de sus rasgos más perjudiciales.

Con el acompañamiento adecuado, estos niños y niñas pueden convertirse en adultos brillantes, auténticos y llenos de recursos.

BIBLIOGRAFÍA

1. Demontis, D., Walters, R. K., Martin, J., Mattheisen, M., Als, T. D., Agerbo, E., et al. (2018). Discovery of the first genome-wide significant risk loci for attention deficit/hyperactivity disorder. *Nature Genetics, 51*(1):63-75. https://www.nature.com/articles/s41588-018-0269-7

2. Faraone, S. V., Banaschewski, T., Coghill, D., Zheng, Y., Biederman, J., Bellgrove, M. A. et al. (2021). The World Federation of ADHD International Consensus Statement: 208 Evidence-based conclusions about the disorder. Vol. 128, *Neuroscience and Biobehavioral Reviews.* Elsevier Ltd. p. 789-818.

3. Franke, B., Faraone, S. V., Asherson, P., Buitelaar, J., Bau, C. H. D., Ramos-Quiroga, J. A. et al. (2012). The genetics of attention deficit/hyperactivity disorder in adults, a review. *Mol Psychiatry, 17*(10):960-987. http://www.nature.com/doifinder/10.1038/mp.2011.138

4. Froehlich, T., Lanphear, B., Epstein, J., Barbaresi, W., Katusic, S., Kahn, R. (2007). Prevalence, recognition, and treatment of attention-deficit hyperactivity disorder in a national sample of US children. *Archives of Pediatrics and Adolescence Medicine, 161*(9):857-864.

5. Hoffman, H. (1879). *Der Struwwelpeter: oder lustige Geschichten und drollige Bilder: für Kinder von 3-6 Jahren.* Ignatius Kohler publisher.

6. Kooij, S. J. J., Bejerot, S., Blackwell, A., Caci, H., Casas-Brugué, M., Carpentier, P. J., et al. (2010). European consensus statement on diagnosis and treatment of adult ADHD: The European Network Adult ADHD. *BMC Psychiatry, 10*(1):67. http://bmcpsychiatry.biomedcentral.com/articles/10.1186/1471-244X-10-67

7. Sayal, K., Prasad, V., Daley, D., Ford, T., Coghill, D. (2018). ADHD in children and young people: prevalence, care pathways, and service provision. *Lancet Psychiatry, 5*(2):175-186. https://pubmed.ncbi.nlm.nih.gov/29033005/

8. Sibley, M. H., Eugene Arnold, L., Swanson, J. M,, Hechtman, L. T., Kennedy, T. M., Owens, E. et al. (2022). Variable Patterns of Remission from ADHD in the Multimodal Treatment Study of ADHD. American *Journey of Psychiatry, 179*(2):142-151. https://pubmed.ncbi.nlm.nih.gov/34384227/

9. Vingilis, E., Erickson, P., Toplak, M., Kolla, N., Mann, R., Seeley, J. (2015). Attention Deficit Hyperactivity Disorder Symptoms, Comorbidities, Substance Use, and Social Outcomes among Men and Women in a Canadian Sample. *Biomed Research International.* http://doi.org/10.1155/2015/982072